Asha Sohal

"Revolucionando o Código: A Saga do Linux"

Asha Sohal

"Revolucionando o Código: A Saga do Linux"

ScienciaScripts

Imprint

Any brand names and product names mentioned in this book are subject to trademark, brand or patent protection and are trademarks or registered trademarks of their respective holders. The use of brand names, product names, common names, trade names, product descriptions etc. even without a particular marking in this work is in no way to be construed to mean that such names may be regarded as unrestricted in respect of trademark and brand protection legislation and could thus be used by anyone.

Cover image: www.ingimage.com

This book is a translation from the original published under ISBN 978-620-7-64785-9.

Publisher:
Sciencia Scripts
is a trademark of
Dodo Books Indian Ocean Ltd. and OmniScriptum S.R.L publishing group

120 High Road, East Finchley, London, N2 9ED, United Kingdom
Str. Armeneasca 28/1, office 1, Chisinau MD-2012, Republic of Moldova, Europe
Printed at: see last page
ISBN: 978-620-7-71607-4

"Revolucionando o Código: A Saga do Linux"

Índice

Resumo

"Revolucionando o Código: The Linux Saga" investiga a cativante narrativa do Linux, traçando o seu início desde uma humilde ideia até um fenómeno global que remodelou a paisagem da computação. Através de uma pesquisa meticulosa e de uma análise perspicaz, este livro explora as inovações arquitectónicas, as colaborações da comunidade e a adoção empresarial que impulsionaram o Linux para a proeminência. Desde as suas origens populares até ao seu papel fundamental na alimentação das infra-estruturas de computação modernas, o Linux é um testemunho do poder dos princípios de código aberto e do desenvolvimento colaborativo. À medida que navegamos na fronteira tecnológica em constante evolução, o Linux continua a inspirar e a influenciar, abrindo caminho para um futuro digital mais interligado e inclusivo.

Capítulo 1: Introdução

1. **Nascimento do Linux**

1.1 Origens de uma ideia

A génese do Linux remonta ao início dos anos 90, quando um estudante finlandês de informática chamado Linus Torvalds embarcou numa viagem para criar um novo sistema operativo. Frustrado com as limitações dos sistemas proprietários existentes e inspirado pelo espírito de colaboração e conhecimento partilhado, Torvalds propôs-se desenvolver um sistema operativo semelhante ao Unix que estaria disponível gratuitamente para qualquer pessoa interessada no seu desenvolvimento.

O catalisador do esforço de Torvalds foi o seu desejo de compreender e explorar os meandros da conceção do sistema operativo e do desenvolvimento do kernel. Motivado pela curiosidade e pela paixão pela programação, começou a mexer no código e a experimentar diferentes conceitos. Com base nas suas experiências com o Unix e o Minix, Torvalds imaginou um sistema modular e flexível que se pudesse adaptar às diversas necessidades dos utilizadores e programadores.

As iterações iniciais do Linux eram modestas no seu âmbito, mas lançaram as bases para futuras inovações. Torvalds abraçou os princípios do desenvolvimento de código aberto, convidando outros entusiastas e programadores a contribuírem para o seu projeto. O que começou como um esforço pessoal rapidamente se transformou num esforço de colaboração, com indivíduos de todo o mundo a apoiarem a visão de Torvalds de um sistema operativo orientado para a comunidade.

O lançamento da versão 0.01 do kernel Linux em setembro de 1991 foi um marco significativo na evolução do projeto. Apesar da sua funcionalidade rudimentar e compatibilidade limitada, esta versão inicial atraiu a atenção da comunidade de código aberto em crescimento, atraindo um número crescente de programadores desejosos de participar no seu desenvolvimento.

À medida que a notícia do Linux se espalhava, começou a surgir um ecossistema vibrante, caracterizado por um espírito de experimentação e inovação. A abordagem pragmática de Torvalds ao desenvolvimento do kernel, juntamente com a sabedoria colectiva dos colaboradores, permitiu que o Linux amadurecesse rapidamente, evoluindo para uma plataforma robusta e fiável para a computação.

As origens do Linux são um testemunho do poder da colaboração e do potencial transformador do software de código aberto. Desde o seu humilde início num dormitório em Helsínquia até à sua presença omnipresente em centros de dados e dispositivos em todo o mundo, o Linux continua a inspirar e a dar poder a gerações de programadores, incorporando o espírito de inovação e inclusão que define o movimento de código aberto.

1.2 A ascensão do código aberto

O surgimento do Linux coincidiu com uma mudança cultural mais ampla no mundo do desenvolvimento de software - a ascensão do código aberto. Nesta secção, exploramos o contexto histórico, os princípios chave e o impacto profundo do movimento de código aberto no desenvolvimento do Linux e na indústria tecnológica em geral.

Contexto histórico:

As raízes do código aberto remontam aos primórdios da computação, caracterizados por uma cultura de colaboração e partilha de informação entre programadores. No entanto, só no final do século XX é que o termo "código aberto" ganhou proeminência, em parte graças aos esforços pioneiros de visionários do software como Richard Stallman e a Free Software Foundation (FSF).

O Projeto GNU de Stallman, lançado em 1983, lançou as bases do movimento de código aberto, defendendo a criação de software livre e aberto que pudesse ser distribuído, modificado e partilhado livremente. A Licença Pública Geral GNU (GPL), introduzida em 1989, forneceu uma estrutura legal para garantir que o software permanecesse aberto e acessível a todos, independentemente dos interesses comerciais.

Princípios fundamentais:

No centro da filosofia do código aberto estão vários princípios fundamentais que o distinguem do desenvolvimento tradicional de software proprietário:

1. **Liberdade:** O software de código aberto dá aos utilizadores a liberdade de estudar, modificar e distribuir o código fonte de acordo com as suas necessidades. Esta liberdade promove a inovação e permite que os utilizadores se apropriem da sua experiência de software.

2. **Transparência:** Ao contrário do software proprietário, que muitas vezes funciona como uma caixa negra, os projectos de código aberto são

transparentes e acessíveis a qualquer pessoa interessada no seu desenvolvimento. Esta transparência promove a confiança e a responsabilidade no seio da comunidade.

3. **Colaboração:** O código aberto prospera com a colaboração, com programadores de diversas origens a contribuírem com os seus conhecimentos para melhorar coletivamente os projectos de software. Ao aproveitar o poder da colaboração distribuída, os projectos de código aberto podem evoluir rapidamente e adaptar-se a requisitos em mudança.

4. **Comunidade:** A sua comunidade vibrante e inclusiva de programadores, utilizadores e defensores é fundamental para o sucesso do código aberto. Este modelo orientado para a comunidade promove um sentimento de pertença e um objetivo partilhado, impulsionando a inovação e a sustentabilidade a longo prazo.

Impacto no Linux e na indústria tecnológica:

A ascensão do código aberto teve um impacto profundo no desenvolvimento do Linux, fornecendo a estrutura e o ethos que o impulsionaram para o sucesso. Ao abraçar os princípios do código aberto, o Linux conseguiu atrair uma comunidade global de colaboradores que, coletivamente, aperfeiçoaram e alargaram o sistema operativo para satisfazer uma vasta gama de casos de utilização.

Para além do Linux, o movimento do software livre remodelou a indústria tecnológica, desafiando as noções tradicionais de propriedade intelectual e licenciamento de software. Atualmente, o software de código aberto alimenta algumas das infra-estruturas mais importantes do mundo, desde servidores Web e bases de dados a plataformas de computação em nuvem e estruturas de inteligência artificial.

Além disso, o código aberto democratizou o acesso à tecnologia, disponibilizando ferramentas e bibliotecas de software de ponta a indivíduos e organizações de todas as dimensões, independentemente dos seus recursos financeiros. Esta democratização tem alimentado a inovação e o empreendedorismo, dando aos criadores a possibilidade de se basearem no trabalho de outros e de ultrapassarem os limites do que é possível na era digital.

Conclusão:

A ascensão do código aberto representa uma mudança de paradigma na forma como o software é desenvolvido, distribuído e consumido. Ao defender princípios de liberdade, transparência, colaboração e comunidade, o código aberto transformou o sector tecnológico, dando origem a novas oportunidades de inovação, inclusão e impacto social. À medida que continuamos a navegar no cenário em constante mudança da tecnologia, os princípios do código aberto servem como uma luz orientadora, inspirando-nos a construir um futuro mais aberto, equitativo e sustentável para todos.

Capítulo 2: A inovação arquitetónica

2.1 Desenvolvimento do Kernel

O kernel serve como o componente central do sistema operativo Linux, responsável pela gestão dos recursos de hardware, fornecendo serviços essenciais e facilitando a comunicação entre aplicações de software e dispositivos de hardware. Nesta secção, aprofundamos as complexidades do desenvolvimento do kernel, explorando os conceitos chave, processos e desafios envolvidos na formação do coração do Linux.

Conceitos-chave:

O desenvolvimento do kernel engloba uma vasta gama de actividades, incluindo a conceção, implementação, teste e manutenção. Em sua essência, o desenvolvimento do kernel gira em torno dos seguintes conceitos-chave:

1. **Arquitetura:** O kernel Linux foi concebido para ser altamente modular e portátil, suportando uma gama diversificada de arquitecturas de hardware, desde sistemas incorporados e smartphones a supercomputadores e servidores. Os programadores do kernel devem equilibrar cuidadosamente o desempenho, a escalabilidade e a compatibilidade entre diferentes plataformas.

2. **Abstração:** O kernel abstrai os recursos de hardware subjacentes, fornecendo uma interface unificada para interagir com dispositivos e subsistemas. Através da abstração, os programadores do kernel podem proteger as aplicações dos detalhes específicos do hardware, assegurando a portabilidade e a facilidade de utilização.

3. **Agendamento:** O kernel emprega algoritmos de agendamento sofisticados para gerenciar os recursos da CPU de forma eficiente, priorizando tarefas com base em sua prioridade, justiça e requisitos em tempo real. Os desenvolvedores do kernel devem encontrar um equilíbrio entre a capacidade de resposta e a utilização de recursos, otimizando o desempenho para diversas cargas de trabalho.

4. **Gerenciamento de Memória:** O gerenciamento de memória é um aspeto crítico do desenvolvimento do kernel, abrangendo alocação, desalocação e proteção da memória do sistema. Os desenvolvedores do kernel devem

implementar algoritmos robustos de gerenciamento de memória para evitar vazamentos de memória, fragmentação e vulnerabilidades de segurança.

5. **Drivers de Dispositivos:** Os controladores de dispositivos servem de interface entre o kernel e os dispositivos de hardware, permitindo a comunicação e o controlo de periféricos como dispositivos de armazenamento, interfaces de rede e dispositivos de entrada/saída. Os programadores do kernel têm de escrever e manter controladores de dispositivos para assegurar a compatibilidade e fiabilidade numa vasta gama de configurações de hardware.

Processo de desenvolvimento:

O desenvolvimento do kernel segue um processo estruturado e colaborativo, guiado pelos princípios de abertura, transparência e meritocracia. O processo de desenvolvimento tipicamente envolve os seguintes estágios:

1. **Submissão:** Os programadores propõem alterações e novas funcionalidades submetendo patches à lista de correio do kernel Linux ou através de sistemas de controlo de versões como o Git. Cada patch passa por revisão e discussão pela comunidade do kernel antes de ser aceite ou rejeitado.

2. **Revisão:** Os patches são revistos por programadores experientes do kernel, que fornecem feedback, sugestões e críticas construtivas para melhorar a qualidade do código, a capacidade de manutenção e a compatibilidade. As revisões podem envolver testes rigorosos, benchmarking e análises para garantir que as alterações propostas atendam aos padrões rigorosos do kernel Linux.

3. **Integração:** Os patches aceitos são integrados na árvore principal do kernel Linux pelos mantenedores responsáveis por subsistemas ou componentes específicos. A integração envolve a resolução de conflitos, o tratamento do feedback e a coordenação com outros desenvolvedores para manter a consistência e a estabilidade através da base de código do kernel.

4. **Testes:** O kernel Linux é submetido a testes extensivos em várias fases de desenvolvimento, incluindo testes unitários, testes de integração e testes de regressão. Os testes ajudam a identificar e corrigir erros, estrangulamentos de desempenho e vulnerabilidades de segurança antes de as novas versões serem disponibilizadas ao público.

Desafios:

O desenvolvimento do kernel coloca vários desafios, que vão desde as complexidades técnicas à dinâmica organizacional. Alguns dos principais desafios incluem:

1. **Diversidade de Hardware:** O suporte de uma vasta gama de arquitecturas de hardware e dispositivos introduz complexidade e desafios de compatibilidade para os programadores do kernel, que têm de assegurar que o kernel Linux permanece flexível, eficiente e fiável em diversas configurações de hardware.

2. **Segurança:** O desenvolvimento do kernel requer práticas de segurança robustas para mitigar riscos como escalonamento de privilégios, ataques de negação de serviço e divulgação de informações. Os programadores do kernel devem identificar e resolver proactivamente as vulnerabilidades de segurança, implementando funcionalidades como a randomização da disposição do espaço de endereço (ASLR), a randomização da disposição do espaço de endereço do kernel (KASLR) e a integridade do fluxo de controlo (CFI) para melhorar a postura de segurança do kernel Linux.

3. **Dinâmica da Comunidade:** O desenvolvimento do kernel é governado por um modelo descentralizado e orientado por consenso, que pode levar a desafios de coordenação, prioridades conflitantes e barreiras de comunicação entre os desenvolvedores. Os mantenedores do kernel têm um papel crucial em facilitar a colaboração, resolver disputas e manter a integridade do processo de desenvolvimento do kernel Linux.

Apesar destes desafios, o desenvolvimento do kernel continua a ser um esforço vibrante e dinâmico, conduzido pela paixão, experiência e dedicação da comunidade Linux global. Através de inovação e colaboração contínuas, os programadores do kernel esforçam-se por ultrapassar os limites do que é possível no mundo dos sistemas operativos, assegurando que o Linux permanece na vanguarda da tecnologia nos próximos anos.

2.2 Princípios de conceção modular

O design modular está no coração da arquitetura do kernel Linux, permitindo flexibilidade, manutenção e extensibilidade. Nesta secção, aprofundamos os princípios do design modular e o seu impacto no desenvolvimento e evolução do kernel Linux.

Princípios de conceção modular:

1. **Decomposição:** A conceção modular envolve a decomposição de sistemas complexos em componentes mais pequenos e mais fáceis de gerir, ou módulos. Cada módulo encapsula um conjunto específico de funcionalidades, responsabilidades e interfaces, permitindo que os programadores se concentrem em unidades individuais de código sem serem sobrecarregados pela complexidade do sistema como um todo.

2. **Encapsulamento:** Os módulos são concebidos para serem autónomos, com interfaces e limites bem definidos que isolam a sua implementação interna do resto do sistema. O encapsulamento reduz o acoplamento entre módulos, facilitando a modificação, substituição ou extensão de componentes individuais sem afetar o comportamento global do sistema.

3. **Abstração:** A conceção modular baseia-se na abstração para ocultar detalhes de implementação e expor conceitos e interfaces de alto nível a outros módulos. A abstração permite que os programadores interajam com os módulos a um nível concetual, sem necessidade de compreender a implementação subjacente ou os detalhes específicos da implementação.

4. **Acoplamento livre:** Os módulos de uma conceção modular são fracamente acoplados, o que significa que dependem uns dos outros através de interfaces bem definidas e não de dependências directas. O acoplamento frouxo reduz as interdependências entre os módulos, facilitando a modificação ou substituição de componentes individuais sem afetar todo o sistema.

5. **Alta Coesão:** Os módulos apresentam alta coesão quando são organizados em torno de uma única finalidade ou responsabilidade bem definida. Uma elevada coesão garante que cada módulo executa um conjunto específico de tarefas relacionadas com o seu objetivo, conduzindo a um código mais claro e de melhor manutenção e a uma melhor separação de preocupações.

Implementação no Kernel Linux:

O kernel do Linux incorpora os princípios do design modular através da sua arquitetura, que consiste numa estrutura hierárquica de módulos organizados em

camadas e subsistemas. Alguns aspectos chave do design modular no kernel Linux
incluem:

1. **Arquitetura em camadas:** O kernel Linux está organizado em camadas, com
   componentes de nível inferior fornecendo serviços fundamentais e
   componentes de nível superior construindo sobre eles. Esta arquitetura em
   camadas permite aos programadores concentrarem-se em áreas específicas de
   funcionalidade, tais como gestão de processos, gestão de memória e
   controladores de dispositivos, sem necessitarem de compreender todo o
   sistema em detalhe.

2. **Separação de Subsistemas:** O kernel Linux está dividido em subsistemas,
   cada um responsável por um aspeto específico da funcionalidade do sistema,
   como redes, sistemas de ficheiros e comunicação entre processos. Os
   subsistemas encapsulam funcionalidades relacionadas dentro de limites bem
   definidos, permitindo que os programadores trabalhem em subsistemas
   individuais de forma independente.

3. **Módulos de Kernel Carregáveis (LKMs):** O kernel do Linux suporta
   módulos de kernel carregáveis, que são carregados e descarregados
   dinamicamente em tempo de execução para estender a funcionalidade do
   kernel sem exigir uma reinicialização. Os LKMs permitem que os
   desenvolvedores adicionem novos recursos, drivers ou subsistemas ao kernel
   sem modificar a base de código principal, aumentando a flexibilidade e a
   escalabilidade.

4. **Opções de Configuração do Kernel:** O kernel Linux fornece um sistema de
   compilação configurável que permite aos programadores ativar ou desativar
   funcionalidades específicas, subsistemas e controladores com base nos seus
   requisitos. As opções de configuração do kernel permitem que os
   desenvolvedores adaptem o kernel a diferentes casos de uso, configurações de
   hardware e restrições de desempenho, fornecendo um sistema altamente
   personalizável e modular.

Benefícios e desafios:

O design modular oferece vários benefícios para o desenvolvimento e manutenção do kernel Linux, incluindo:

- **Flexibilidade:** O design modular permite que o kernel do Linux evolua ao longo do tempo, acomodando novos recursos, plataformas de hardware e casos de uso sem exigir reescritas ou redesenhos extensos.

- **Manutenibilidade:** O design modular promove a reutilização, encapsulamento e abstração do código, facilitando a compreensão, modificação e extensão de componentes individuais do kernel.

- **Escalabilidade:** O design modular permite que o kernel Linux se adapte a diversas configurações de hardware, cargas de trabalho e ambientes, garantindo um desempenho e uma utilização de recursos óptimos.

No entanto, a conceção modular também apresenta desafios, tais como:

- **Complexidade:** A gestão de dependências, interfaces e interacções entre módulos pode introduzir complexidade e sobrecarga, exigindo uma conceção e documentação cuidadosas para manter a clareza e a coerência.

- **Sobrecarga de desempenho:** A conceção modular pode incorrer em sobrecarga de desempenho devido a indirecções em tempo de execução, carregamento dinâmico e comunicação entre módulos, o que pode afetar a capacidade de resposta do sistema e o consumo de recursos.

- **Gerenciamento de Dependência:** Garantir a compatibilidade e consistência entre módulos, especialmente numa base de código grande e diversificada como o kernel Linux, requer uma gestão de dependências robusta e estratégias de versionamento para evitar conflitos e regressões.

Apesar destes desafios, o design modular continua a ser uma pedra angular da arquitetura do kernel Linux, permitindo-lhe permanecer flexível, adaptável e resiliente face à evolução dos requisitos e avanços tecnológicos.

Capítulo 3: Colaboração comunitária

3.1 A evolução dos fóruns e das listas de correio eletrónico

Os fóruns e as listas de correio têm desempenhado papéis fundamentais na promoção da colaboração, comunicação e partilha de conhecimentos dentro da comunidade Linux. Nesta secção, exploramos a evolução dos fóruns e listas de correio, traçando a sua história, significado e impacto no desenvolvimento do Linux e do software de código aberto.

Contexto histórico:

Antes do advento dos fóruns na Internet e das listas de correio eletrónico, a comunicação entre programadores e entusiastas limitava-se essencialmente a reuniões presenciais, conferências e publicações impressas. No entanto, o aparecimento da Internet e das tecnologias de comunicação digital na década de 1990 transformou o panorama do desenvolvimento colaborativo de software, proporcionando novas vias de interação e colaboração.

Listas de correio eletrónico:

As listas de correio surgiram como uma das primeiras formas de comunicação online dentro da comunidade Linux. As listas de correio permitem aos indivíduos subscreverem listas de correio electrónicas dedicadas a tópicos específicos, projectos ou grupos de interesse. Os participantes podem trocar mensagens, partilhar informação e envolver-se em discussões via email, com mensagens distribuídas a todos os subscritores em tempo real.

A utilização de listas de correio revolucionou a forma como os programadores e utilizadores de Linux comunicavam e colaboravam, permitindo a rápida disseminação de informação, feedback e relatórios de erros. As listas de correio tornaram-se centros centrais para discutir ideias de desenvolvimento, propor correcções e resolver problemas técnicos, fomentando um sentido de comunidade e camaradagem entre os participantes.

As principais listas de discussão na comunidade Linux incluem:

- **linux-kernel:** Dedicado a discussões relacionadas ao desenvolvimento do kernel Linux, incluindo submissão de patches, relatórios de bugs e debates técnicos.

- **linux-foundation:** Hospedada pela Linux Foundation, esta lista de discussão serve como uma plataforma para anúncios, eventos e iniciativas relacionadas ao amplo ecossistema Linux.

- **linux-announce:** Reservado para anúncios oficiais e notificações de lançamento relacionadas com o kernel Linux e projectos associados.

Fóruns:

Os fóruns online surgiram como outra plataforma popular para comunicação e colaboração dentro da comunidade Linux. Os fóruns são fóruns de discussão baseados na Web onde os utilizadores podem colocar mensagens, colocar questões e partilhar conhecimentos sobre uma vasta gama de tópicos relacionados com o Linux e o software de código aberto.

Os fóruns oferecem várias vantagens em relação às listas de correio, incluindo um formato mais estruturado e pesquisável, suporte para conteúdo multimédia e a capacidade de criar subfóruns dedicados a tópicos ou projectos específicos. Os fóruns atraem um público diversificado, incluindo programadores, administradores de sistemas, entusiastas e principiantes, o que os torna recursos valiosos para a aprendizagem, resolução de problemas e criação de redes.

Os principais fóruns da comunidade Linux incluem:

- **LinuxQuestions.org:** Um dos maiores fóruns online dedicados ao Linux, oferecendo fóruns de discussão, tutoriais e recursos para utilizadores de todos os níveis.

- **Fóruns Ubuntu:** Um fórum comunitário para utilizadores da distribuição Ubuntu Linux, com fóruns de suporte, tutoriais e eventos comunitários.

- **Stack Exchange:** O site Unix & Linux Stack Exchange fornece uma plataforma de perguntas e respostas para questões técnicas relacionadas com sistemas operativos do tipo Unix, incluindo o Linux.

Impacto e significado:

Os fóruns e as listas de correio eletrónico tiveram um impacto profundo no desenvolvimento e evolução do Linux e do software de código aberto, servindo de catalisadores para a colaboração, inovação e disseminação de conhecimentos. Algumas das principais contribuições e importância dos fóruns e listas de discussão incluem:

- **Partilha de conhecimento:** Os fóruns e listas de correio facilitam a troca de conhecimentos, experiência e melhores práticas entre programadores, utilizadores e entusiastas, promovendo uma cultura de aprendizagem e melhoria contínua na comunidade Linux.

- **Construção de Comunidades:** Os fóruns e as listas de correio fornecem plataformas para construir e nutrir comunidades vibrantes e inclusivas de indivíduos que partilham uma paixão pelo Linux e pelo software de código aberto. Estas comunidades servem como centros de ligação em rede, orientação e interação social, reforçando laços e promovendo um sentido de pertença entre os participantes.

- **Feedback e Suporte:** Os fóruns e listas de correio permitem aos utilizadores procurar ajuda, colocar questões e fornecer feedback sobre problemas relacionados com o Linux, bugs de software e pedidos de funcionalidades. Ao aproveitar a sabedoria colectiva e a experiência da comunidade, os utilizadores podem resolver problemas de forma mais eficaz e contribuir para a melhoria do Linux e dos projectos associados.

- **Coordenação de projectos:** Os fóruns e as listas de correio desempenham um papel crucial na coordenação dos esforços de desenvolvimento, na discussão de roteiros de projectos e na solicitação de contributos das partes interessadas. Ao fornecer canais de comunicação transparentes e acessíveis, os fóruns e as listas de correio facilitam a criação de consensos, a tomada de decisões e a coordenação entre equipas distribuídas de programadores e colaboradores.

Evolução e tendências futuras:

Ao longo dos anos, os fóruns e as listas de correio evoluíram em resposta à evolução das tecnologias, às preferências dos utilizadores e às tendências de comunicação.

Embora as listas de correio tradicionais continuem a ser populares para determinados tipos de discussões e comunidades, plataformas mais recentes, como canais de conversação em tempo real, redes sociais e plataformas colaborativas como o GitHub, surgiram como canais de comunicação alternativos para programadores e utilizadores de Linux.

Olhando para o futuro, é provável que os fóruns e as listas de correio continuem a desempenhar um papel vital na comunidade Linux, servindo como pilares duradouros de colaboração, comunicação e envolvimento da comunidade. À medida que o ecossistema Linux continua a evoluir e a diversificar-se, os fóruns e as listas de correio irão adaptar-se e inovar para ir ao encontro das necessidades e preferências em evolução dos utilizadores e programadores, assegurando que o espírito de abertura, inclusão e colaboração permanece no coração da comunidade Linux.

3.2 Bifurcações, fusões e codificação colaborativa

No mundo dinâmico do desenvolvimento de código aberto, bifurcações, fusões e codificação colaborativa representam processos essenciais que sustentam a evolução de projectos de software como o Linux. Esta secção analisa o significado, a mecânica e o impacto destas práticas de colaboração na comunidade Linux.

Garfos:

Uma bifurcação ocorre quando um programador ou grupo de programadores se afasta do desenvolvimento principal de um projeto de software para seguir uma direção ou agenda diferente. As bifurcações podem ser iniciadas por várias razões, incluindo desacordo sobre a governação do projeto, direção técnica ou questões de licenciamento. Embora os forks sejam frequentemente vistos como uma forma de divergência ou fragmentação, também podem servir como catalisadores para a inovação, experimentação e desenvolvimento orientado para a comunidade.

Na comunidade Linux, as bifurcações têm sido relativamente raras em comparação com outros projectos de código aberto. No entanto, ocorreram bifurcações notáveis, como a criação do sistema operativo Android, que inicialmente se bifurcou do kernel Linux para se destinar a dispositivos móveis. Embora as bifurcações possam introduzir complexidade e fragmentação, também podem conduzir a uma concorrência saudável, à diversidade e à exploração de novas ideias no ecossistema de código aberto.

Fusões:

As fusões são o processo de integração de alterações de um ramo ou bifurcação de um projeto de software noutro. As fusões desempenham um papel crucial na manutenção da consistência, compatibilidade e colaboração em ambientes de desenvolvimento distribuídos. No contexto do kernel Linux, as fusões ocorrem regularmente à medida que os programadores submetem patches, correcções de erros e novas funcionalidades para inclusão na árvore principal do kernel.

O kernel Linux segue um modelo de desenvolvimento descentralizado, onde os mantenedores supervisionam subsistemas ou componentes específicos do kernel e são responsáveis pela revisão e integração das alterações submetidas pelos contribuidores. As fusões são coordenadas através de sistemas de controlo de versões como o Git, que acompanham o histórico das alterações e facilitam a resolução de conflitos, a colaboração e a partilha de código entre os programadores.

As fusões ajudam a garantir que o kernel Linux permaneça coeso e coerente, com mudanças e melhorias propagadas por toda a base de código. Ao abraçar uma cultura de abertura, transparência e revisão por pares, a comunidade Linux promove um ambiente de desenvolvimento colaborativo onde as contribuições são bem vindas, avaliadas pelos seus méritos técnicos e integradas no kernel principal para o benefício de todos os utilizadores e partes interessadas.

Codificação colaborativa:

A codificação colaborativa refere-se à prática de vários programadores trabalharem em conjunto para escrever, rever e aperfeiçoar o código numa base de código partilhada. A codificação colaborativa é fundamental para o sucesso de projectos de código aberto como o Linux, em que as contribuições provêm de uma comunidade diversificada de programadores com diferentes antecedentes, conhecimentos e interesses.

A comunidade do kernel Linux emprega várias práticas de codificação colaborativa para simplificar o desenvolvimento, incluindo:

- **Revisão do Código:** Antes das mudanças serem integradas no kernel principal, elas passam por uma rigorosa revisão por desenvolvedores e mantenedores experientes. A revisão de código ajuda a garantir a qualidade do código, a correção e a adesão aos padrões de codificação, ao mesmo tempo que proporciona oportunidades para a partilha de conhecimentos e orientação dentro da comunidade.

- **Submissão de Patches:** Os programadores submetem patches e contribuições para o kernel Linux através de listas de correio, sistemas de controlo de versões e plataformas colaborativas como o GitHub. O envio de patches segue um processo estruturado, com os contribuidores fornecendo explicações detalhadas, documentação e casos de teste para acompanhar suas alterações.

- **Integração contínua:** O kernel do Linux mantém uma infraestrutura de teste robusta, incluindo estruturas de teste automatizadas e pipelines de integração contínua (CI), para validar alterações e evitar regressões. A integração contínua ajuda a manter a estabilidade e a confiabilidade do kernel do Linux em diversas plataformas de hardware, configurações e casos de uso.

Através da codificação colaborativa, a comunidade Linux aproveita a experiência colectiva, a criatividade e a paixão dos seus membros para impulsionar a inovação, enfrentar desafios técnicos e fazer avançar o estado da arte no desenvolvimento de sistemas operativos. Ao abraçar os princípios de abertura, inclusão e meritocracia, a comunidade Linux promove uma cultura de colaboração, excelência e propriedade partilhada que beneficia os programadores, utilizadores e intervenientes em todo o mundo.

Capítulo 4: Linux na empresa

4.1 Desafios da adoção e histórias de sucesso

A adoção do Linux em ambientes empresariais tem sido acompanhada por desafios e histórias de sucesso. Nesta secção, exploramos os obstáculos que as organizações podem enfrentar quando consideram a adoção do Linux, bem como histórias de sucesso notáveis que destacam os benefícios e as oportunidades associadas à adoção do sistema operativo de código aberto.

Desafios da adoção:

1. **Compatibilidade com sistemas legados:** Um dos principais desafios que as organizações enfrentam quando consideram a adoção do Linux é garantir a compatibilidade com os sistemas, aplicações e fluxos de trabalho legados existentes. A migração de sistemas operativos proprietários para Linux pode exigir testes extensivos, personalização e esforços de integração para garantir que os processos comerciais críticos permanecem ininterruptos.

2. **Bloqueio de fornecedor:** Muitas organizações hesitam em adotar o Linux devido a preocupações com o bloqueio de fornecedores e a dependência de fornecedores de software proprietários. A transição para o Linux geralmente requer a reavaliação dos relacionamentos com fornecedores existentes, acordos de licenciamento e contratos de suporte, o que pode ser um processo complexo e demorado.

3. **Treinamento e lacunas de habilidades:** Outro desafio que as organizações podem encontrar é a necessidade de treinar o pessoal existente ou contratar novos talentos com experiência em administração, implantação e manutenção do Linux. Ultrapassar as lacunas de competências e garantir que o pessoal é proficiente em tecnologias Linux é essencial para maximizar os benefícios da adoção e minimizar os riscos operacionais.

4. **Perceção e conceitos errados:** Apesar da sua fiabilidade, segurança e desempenho comprovados, o Linux pode ainda enfrentar ceticismo ou resistência por parte dos decisores que não estão familiarizados com software de código aberto ou que têm ideias erradas sobre a sua adequação a ambientes

empresariais. Educar as partes interessadas e dissipar os mitos sobre o Linux pode ajudar a criar confiança e apoio para iniciativas de adoção.

5. **Suporte do fornecedor e integração do ecossistema:** Embora o Linux goze de um forte apoio da comunidade e de um ecossistema vibrante de software e serviços, algumas organizações podem hesitar em adotar o Linux devido a preocupações com o apoio do fornecedor, a interoperabilidade e a integração do ecossistema. Garantir uma integração perfeita com a infraestrutura, aplicações e serviços existentes é crucial para uma adoção bem sucedida e sustentabilidade a longo prazo.

Histórias de sucesso:

1. **Google:** A Google tem sido um defensor e utilizador proeminente do Linux desde a sua criação, confiando no sistema operativo de código aberto para alimentar a sua vasta infraestrutura de servidores, centros de dados e serviços de computação em nuvem. A adoção do Linux pela Google permitiu à empresa alcançar uma escalabilidade, fiabilidade e rentabilidade sem paralelo, apoiando o seu crescimento e inovação na economia digital.

2. **Amazon:** A Amazon Web Services (AWS), a principal plataforma de computação em nuvem, é construída sobre uma base de tecnologias baseadas em Linux, incluindo o hipervisor Xen e a distribuição Amazon Linux. Ao aproveitar o Linux, a AWS fornece serviços de nuvem escaláveis, seguros e flexíveis a milhões de clientes em todo o mundo, permitindo que as empresas inovem, implantem e escalem seus aplicativos com confiança.

3. **Netflix:** A Netflix confia no Linux para fornecer conteúdos de vídeo em streaming a mais de 200 milhões de subscritores em todo o mundo, tirando partido de tecnologias de código aberto, como o kernel do Linux, o Apache Kafka e o NGINX, para otimizar o desempenho, a fiabilidade e a rentabilidade. A flexibilidade e a escalabilidade do Linux permitiram à Netflix inovar rapidamente, adaptar-se às tendências de mercado em evolução e fornecer uma experiência de streaming perfeita aos utilizadores em diversos dispositivos e plataformas.

4. **Tesla:** A Tesla, fabricante de veículos eléctricos, confia no Linux para alimentar o software e os sistemas de infoentretenimento dos seus veículos, incluindo o Tesla Model S, Model 3 e Model X. Ao adotar o Linux, a Tesla tem conseguido fornecer funcionalidades avançadas, actualizações e opções de personalização aos clientes através de actualizações de software over-the-air, melhorando a experiência de condução e diferenciando os seus produtos no mercado automóvel.

5. **NASA:** A NASA adoptou o Linux para uma vasta gama de tarefas de computação científica e análise de dados, tirando partido de software e tecnologias de código aberto para apoiar a exploração espacial, a investigação climática e a engenharia aeroespacial. A fiabilidade, o desempenho e a flexibilidade do Linux tornaram-no a escolha preferida para aplicações de missão crítica na NASA, permitindo aos cientistas e engenheiros ultrapassar os limites do conhecimento e da exploração humana.

Essas histórias de sucesso demonstram o impacto transformador da adoção do Linux em diversos setores e casos de uso, desde a computação em nuvem e o entretenimento até a engenharia automotiva e aeroespacial. Ao superar os desafios de adoção e abraçar os pontos fortes do Linux, as organizações podem desbloquear novas oportunidades de inovação, eficiência e competitividade no cenário digital de hoje.

4.2 Considerações sobre escalabilidade e segurança
A escalabilidade e a segurança são factores críticos que as organizações devem considerar quando avaliam a adoção do Linux em ambientes empresariais. Nesta secção, exploramos as considerações de escalabilidade e segurança associadas à adoção do Linux e destacamos as melhores práticas para abordar estas preocupações.

Capítulo 5: Impacto na computação moderna

5.1 Moldar a infraestrutura da Internet

O Linux tem desempenhado um papel fundamental na formação da infraestrutura da Internet, servindo como o sistema operativo de eleição para uma vasta gama de dispositivos de rede, servidores e plataformas de computação em nuvem. Nesta secção, analisamos as formas como o Linux influenciou e moldou a infraestrutura da Internet, desde a alimentação de servidores Web e routers até à viabilização de soluções de computação em nuvem e de computação periférica.

Servidores Web e fornecedores de alojamento: O Linux domina o mercado dos servidores Web, alimentando uma maioria significativa de sítios Web e aplicações Web em todo o mundo. Software de servidor Web popular, como o Apache HTTP Server e o NGINX, é normalmente implementado em sistemas operativos baseados em Linux devido à sua estabilidade, desempenho e flexibilidade. Os fornecedores de alojamento, como a Amazon Web Services (AWS), a Google Cloud Platform (GCP) e a DigitalOcean, oferecem servidores privados virtuais (VPS) baseados em Linux e serviços de alojamento na nuvem, fornecendo uma infraestrutura escalável e fiável para alojar sítios Web, bases de dados e aplicações.

Redes e Roteamento: O Linux é amplamente utilizado em equipamento de rede e dispositivos de encaminhamento, servindo como sistema operativo para routers, switches e dispositivos de rede. As distribuições baseadas em Linux, como o OpenWrt e o VyOS, oferecem soluções personalizáveis e ricas em funcionalidades para a construção de infra-estruturas de rede, desde pequenos routers domésticos a dispositivos de rede de nível empresarial. A pilha de rede robusta do Linux, o suporte para protocolos de rede e o suporte extensivo de controladores tornam-no adequado para alimentar a espinha dorsal da Internet e permitir uma comunicação perfeita entre dispositivos e redes.

Plataformas de computação em nuvem: O Linux é o sistema operativo de eleição para as principais plataformas de computação em nuvem, incluindo Amazon Web Services (AWS), Microsoft Azure e Google Cloud Platform (GCP). Essas plataformas aproveitam as tecnologias de virtualização baseadas em Linux, como Xen, KVM e Docker, para fornecer uma infraestrutura escalável e resiliente para implantar e gerenciar aplicativos e serviços nativos da nuvem. Os contêineres Linux, orquestrados

23

por plataformas como o Kubernetes, revolucionaram a maneira como os aplicativos são implantados, dimensionados e gerenciados na nuvem, impulsionando a inovação e a agilidade no desenvolvimento de software moderno.

Computação de borda e IoT: O Linux está cada vez mais a ser implementado em implementações de computação periférica e Internet das Coisas (IoT), onde os dispositivos requerem sistemas operativos leves, escaláveis e seguros. As distribuições baseadas em Linux, como o Ubuntu Core e o Yocto Project, fornecem soluções optimizadas para executar cargas de trabalho de computação periférica em dispositivos com recursos limitados, como gateways IoT, sensores industriais e aparelhos inteligentes. A arquitetura modular do Linux, o tamanho reduzido e o suporte para uma vasta gama de arquitecturas de hardware tornam-no adequado para alimentar a próxima geração de dispositivos ligados e soluções inteligentes de computação periférica.

Segurança e fiabilidade: A forte ênfase do Linux na segurança e fiabilidade tornou-o uma escolha de confiança para a infraestrutura da Internet, onde o tempo de atividade, o desempenho e a integridade dos dados são fundamentais. O kernel do Linux incorpora funcionalidades de segurança robustas, como o isolamento de processos, o controlo de acesso e o suporte criptográfico, enquanto as distribuições Linux oferecem actualizações de segurança regulares, correcções de vulnerabilidades e configurações de segurança reforçada para proteger contra ameaças e vulnerabilidades emergentes. A natureza de código aberto do Linux também permite uma resposta rápida a incidentes de segurança, com uma comunidade global de programadores a colaborar para identificar, abordar e mitigar os riscos de segurança em tempo real.

Em resumo, o Linux desempenha um papel central na formação da infraestrutura da Internet, alimentando servidores Web, equipamento de rede, plataformas de computação em nuvem e soluções de computação periférica. Com a sua escalabilidade, fiabilidade e características de segurança, o Linux continua a impulsionar a inovação e a permitir o fornecimento contínuo de serviços e aplicações digitais que sustentam a economia moderna da Internet.

5.2 Influência nos sistemas móveis e incorporados

O Linux tem exercido uma influência significativa no desenvolvimento de sistemas móveis e incorporados, moldando o panorama dos smartphones, tablets, dispositivos IoT e aplicações incorporadas. Nesta secção, exploramos as formas como o Linux teve impacto nos sistemas móveis e incorporados, desde alimentar smartphones Android até permitir firmware personalizado para dispositivos IoT.

Sistema Operativo Android: Uma das contribuições mais notáveis do Linux para a indústria móvel é o sistema operativo Android. O Android, desenvolvido pela Google, baseia-se no kernel do Linux e tornou-se a plataforma dominante para smartphones e tablets em todo o mundo. O Linux fornece a base para as principais funcionalidades do Android, incluindo controladores de dispositivos, gestão de memória e funcionalidades de segurança. A natureza de código aberto do Android, combinada com a flexibilidade e a escalabilidade do Linux, permitiu uma rápida inovação e personalização, permitindo que os fabricantes de dispositivos e os programadores de aplicações criassem experiências móveis diversificadas e ricas em funcionalidades.

Firmware personalizado e Linux incorporado: O Linux é amplamente utilizado em sistemas incorporados e dispositivos IoT, onde fornece uma plataforma versátil e personalizável para o desenvolvimento de firmware e aplicações personalizadas. As distribuições de Linux incorporado, como o Yocto Project e o Buildroot, oferecem soluções leves e configuráveis para a criação de sistemas operativos personalizados para dispositivos incorporados. A arquitetura modular do Linux, o tamanho reduzido e o suporte extensivo de hardware tornam-no adequado para uma vasta gama de aplicações incorporadas, desde automação industrial e dispositivos domésticos inteligentes a sistemas de info-entretenimento para automóveis e dispositivos portáteis.

Computadores de placa única e plataformas de desenvolvimento: O Linux ganhou popularidade como o sistema operativo de eleição para computadores de placa única (SBC) e plataformas de desenvolvimento utilizadas por amadores, criadores e entusiastas. SBCs como o Raspberry Pi, o BeagleBone e o Arduino utilizam sistemas operativos baseados em Linux para fornecer plataformas acessíveis e económicas para aprendizagem, experimentação e criação de protótipos. O rico ecossistema de bibliotecas de software, ferramentas e recursos comunitários do Linux torna-o uma plataforma ideal para a construção de projectos que vão desde a domótica e robótica a centros multimédia e consolas de jogos retro.

Controlo industrial e aplicações incorporadas: O Linux está a ser cada vez mais adotado em sistemas de controlo industrial, aplicações incorporadas e ambientes de computação em tempo real. As distribuições Linux em tempo real, como o

PREEMPT-RT e o Xenomai, fornecem um desempenho determinístico e capacidades de baixa latência necessárias para aplicações de missão crítica em indústrias como a indústria transformadora, automóvel e aeroespacial. A fiabilidade, a escalabilidade e o suporte de protocolos industriais do Linux fazem dele a escolha preferida para a criação de soluções incorporadas robustas e escaláveis que satisfazem os requisitos rigorosos dos sistemas modernos de automação e controlo industrial.

Segurança e Personalização: As funcionalidades de segurança e as opções de personalização do Linux tornam-no adequado para sistemas móveis e incorporados, onde a segurança, a privacidade e a flexibilidade são fundamentais. Os sistemas operativos baseados em Linux oferecem mecanismos de segurança robustos, como o controlo de acesso baseado no utilizador, a encriptação do sistema de ficheiros e o arranque seguro, que ajudam a proteger dados sensíveis e a impedir o acesso não autorizado. Além disso, a natureza de código aberto do Linux permite aos programadores auditar, personalizar e alargar o sistema operativo para cumprir requisitos de segurança específicos e normas regulamentares, garantindo a conformidade e atenuando os riscos de segurança em implementações incorporadas.

Em conclusão, o Linux teve uma profunda influência nos sistemas móveis e incorporados, moldando a forma como os smartphones, os dispositivos IoT e as aplicações incorporadas são desenvolvidos, implementados e geridos. Com a sua versatilidade, escalabilidade e funcionalidades de segurança, o Linux continua a impulsionar a inovação e a permitir a próxima geração de dispositivos ligados e soluções incorporadas inteligentes numa vasta gama de indústrias e casos de utilização.

5.3 Tecnologias emergentes e Linux

O Linux está na vanguarda da alimentação de tecnologias emergentes, impulsionando a inovação em áreas como inteligência artificial, computação de ponta, blockchain e computação quântica. Nesta seção, exploramos o papel do Linux em moldar e habilitar essas tecnologias de ponta, desde o fornecimento da infraestrutura básica até o suporte a estruturas de software avançadas e ferramentas de desenvolvimento.

Inteligência Artificial e Aprendizado de Máquina: O Linux desempenha um papel fundamental no desenvolvimento e implantação de aplicativos de inteligência artificial (IA) e aprendizado de máquina (ML), fornecendo a base para estruturas de software poderosas, como TensorFlow, PyTorch e scikit-learn. Essas estruturas aproveitam a escalabilidade, o desempenho e o suporte do Linux para computação de alto desempenho (HPC) para treinar e implantar modelos de IA em clusters distribuídos, supercomputadores e plataformas de nuvem. O Linux também alimenta dispositivos de ponta e plataformas IoT que executam algoritmos de inferência de IA localmente, permitindo soluções inteligentes de computação de ponta para aplicações como veículos autónomos, automação industrial e cidades inteligentes.

Computação de borda e IoT: O Linux é um facilitador essencial da computação de ponta, que aproxima a computação e o armazenamento de dados da fonte de geração de dados, reduzindo os requisitos de latência e largura de banda para aplicações em tempo real. Os sistemas operativos baseados em Linux, como o Ubuntu Core, o Yocto Project e o OpenWrt, fornecem plataformas leves e personalizáveis para executar cargas de trabalho de computação periférica em dispositivos com recursos limitados, como gateways IoT, sensores e servidores periféricos. A arquitetura modular do Linux, a sua pequena pegada e o suporte para contentorização tornam-no adequado para implementar e gerir aplicações de computação periférica em diversos ambientes, desde a automação industrial e o retalho até aos cuidados de saúde e transportes.

Blockchain e tecnologia de ledger distribuído: O Linux é amplamente utilizado no desenvolvimento e implantação de plataformas de blockchain e tecnologia de ledger distribuído (DLT), fornecendo a base para aplicativos descentralizados (DApps), contratos inteligentes e redes de criptomoeda. Estruturas de blockchain, como Hyperledger Fabric, Ethereum e Corda, dependem de sistemas operacionais baseados em Linux e tecnologias de conteinerização para criar soluções de blockchain seguras, escaláveis e interoperáveis para setores como finanças, cadeia de suprimentos e saúde. Os recursos de segurança, a estabilidade e o suporte à virtualização do Linux permitem que os desenvolvedores criem e implantem aplicativos de blockchain com confiança, garantindo a integridade, a transparência e a imutabilidade dos dados em ambientes distribuídos.

Computação quântica: O Linux está a emergir como uma plataforma para a investigação e desenvolvimento da computação quântica, fornecendo a infraestrutura e as ferramentas de software necessárias para simular e analisar algoritmos quânticos em sistemas de computação clássicos. As estruturas de computação quântica, como Qiskit, Cirq e QuTiP, aproveitam os ambientes baseados em Linux para conceber, testar e otimizar algoritmos quânticos para resolver problemas complexos de otimização, criptografia e aprendizagem automática. A flexibilidade, escalabilidade e suporte do Linux para computação de alto desempenho permitem que pesquisadores e desenvolvedores explorem o potencial da computação quântica e abram caminho para aplicações práticas em campos como descoberta de medicamentos, ciência dos materiais e modelagem financeira.

Containerização e microsserviços: Os contêineres do Linux, alimentados por tecnologias como Docker, Kubernetes e containerd, revolucionaram a maneira como o software é desenvolvido, implantado e gerenciado em ambientes modernos nativos da nuvem. O Linux fornece a base para a conteinerização, oferecendo recursos como namespaces, cgroups e isolamento no nível do kernel que permitem a implantação leve e portátil de aplicativos baseados em microsserviços. As plataformas de orquestração de contêineres, como o Kubernetes, aproveitam a escalabilidade e a confiabilidade do Linux para automatizar a implantação, o dimensionamento e o gerenciamento de cargas de trabalho em contêineres, permitindo que as organizações criem aplicativos resilientes e escaláveis que podem ser executados em qualquer lugar, desde data centers locais até ambientes de nuvem pública.

Em resumo, o Linux está a impulsionar a inovação e a permitir a adoção de tecnologias emergentes numa vasta gama de indústrias e casos de utilização. Com a sua versatilidade, escalabilidade e ecossistema de código aberto, o Linux continua a ser a plataforma de eleição para a criação e implementação de soluções de ponta que moldam o futuro da computação e aceleram a transformação digital na economia global.

Capítulo 6: Fronteiras futuras

6.1 Tecnologias emergentes e Linux

As tecnologias emergentes representam a vanguarda da inovação, impulsionando a transformação e remodelando as indústrias em todo o mundo. O Linux, com sua flexibilidade, escalabilidade e natureza de código aberto, desempenha um papel fundamental ao permitir e apoiar o desenvolvimento e a implantação dessas tecnologias de ponta. Nesta secção, exploramos a relação entre as tecnologias emergentes e o Linux, destacando as principais áreas em que o Linux está a fazer contribuições significativas e a impulsionar a inovação.

1. Inteligência artificial e aprendizagem automática:

- O Linux é a plataforma preferida para o desenvolvimento e a implantação de aplicativos de inteligência artificial (IA) e aprendizado de máquina (ML). Estruturas populares de ML, como TensorFlow, PyTorch e scikit-learn, são construídas sobre sistemas operacionais baseados em Linux, aproveitando sua escalabilidade, desempenho e suporte para computação de alto desempenho (HPC) para treinar e implantar modelos de IA de forma eficaz.

- O Linux potencializa a infraestrutura para cargas de trabalho de IA e ML, fornecendo a base para computação distribuída, processamento paralelo e aceleração de GPU. De centros de dados e plataformas de nuvem a dispositivos de borda e gateways de IoT, os ambientes baseados em Linux permitem que as organizações aproveitem o poder da IA e do ML para uma ampla gama de aplicativos, incluindo reconhecimento de imagem, processamento de linguagem natural e análise preditiva.

2. Computação de ponta e Internet das coisas (IoT):

- O Linux é fundamental para impulsionar a adoção de soluções de computação periférica e IoT, em que os dispositivos requerem sistemas operativos leves, escaláveis e seguros. As distribuições baseadas em Linux, como o Ubuntu Core, o Yocto Project e o OpenWrt, fornecem plataformas optimizadas para executar cargas de trabalho de computação periférica em dispositivos com recursos limitados, permitindo o processamento de dados em tempo real, a análise e a tomada de decisões na periferia da rede.

- O Linux alimenta gateways IoT, sensores e servidores de ponta, servindo como o sistema operativo de eleição para uma vasta gama de dispositivos incorporados e ligados. Ao fornecer uma plataforma estável e personalizável para a criação de soluções IoT, o Linux permite que as organizações implementem aplicações de computação de ponta inteligentes para cidades inteligentes, automação industrial e monitorização remota.

3. Tecnologia Blockchain e Distributed Ledger:

- O Linux sustenta o desenvolvimento e a implantação de plataformas de blockchain e DLT (distributed ledger technology), fornecendo a infraestrutura para aplicativos descentralizados (DApps), contratos inteligentes e redes de criptomoeda. Estruturas de blockchain, como Hyperledger Fabric, Ethereum e Corda, aproveitam ambientes baseados em Linux para criar soluções de blockchain seguras, escaláveis e interoperáveis para setores como finanças, cadeia de suprimentos e saúde.

- Os sistemas operacionais baseados em Linux oferecem a estabilidade, a segurança e a flexibilidade necessárias para criar e gerenciar redes e nós de blockchain. Desde implantações de nível empresarial até iniciativas orientadas pela comunidade, o Linux fornece uma base confiável para organizações e desenvolvedores explorarem o potencial da tecnologia blockchain e seu impacto transformador nos processos de negócios e transações digitais.

4. Computação quântica:

- O Linux está a emergir como uma plataforma para a investigação e desenvolvimento da computação quântica, fornecendo a infraestrutura e as ferramentas de software necessárias para simular e analisar algoritmos quânticos em sistemas de computação clássicos. As estruturas de computação quântica, como Qiskit, Cirq e QuTiP, aproveitam os ambientes baseados em Linux para conceber, testar e otimizar algoritmos quânticos para resolver problemas complexos de otimização, criptografia e aprendizagem automática.

- A escalabilidade, fiabilidade e suporte do Linux para computação de elevado desempenho permitem aos investigadores e programadores explorar o potencial da computação quântica e abrir caminho a aplicações práticas em áreas como a descoberta de medicamentos, a ciência dos materiais e a modelação financeira. Ao fornecer uma plataforma flexível e acessível para a investigação quântica, o Linux acelera o ritmo da inovação na computação quântica e contribui para o desenvolvimento de tecnologias transformadoras para o futuro.

5. Containerização e microsserviços:

- Os contêineres do Linux, alimentados por tecnologias como Docker, Kubernetes e containerd, revolucionaram a maneira como o software é desenvolvido, implantado e gerenciado em ambientes modernos nativos da nuvem. O Linux fornece a base para a conteinerização, oferecendo recursos como namespaces, cgroups e isolamento no nível do kernel que permitem a implantação leve e portátil de aplicativos baseados em microsserviços.

- As plataformas de orquestração de contêineres, como o Kubernetes, aproveitam a escalabilidade e a confiabilidade do Linux para automatizar a implantação, o dimensionamento e o gerenciamento de cargas de trabalho em contêineres, permitindo que as organizações criem aplicativos resilientes e escalonáveis que podem ser executados em qualquer lugar, desde data centers locais até ambientes de nuvem pública. Ao adotar as tecnologias de conteinerização baseadas em Linux, as organizações podem acelerar o desenvolvimento, melhorar a utilização de recursos e simplificar as operações na era da computação nativa da nuvem.

Em suma, o Linux desempenha um papel central na condução da inovação e permite a adoção de tecnologias emergentes numa vasta gama de indústrias e casos de utilização. Com a sua versatilidade, escalabilidade e ecossistema de código aberto, o Linux continua a ser a plataforma de eleição para a criação e implementação de soluções de ponta que moldam o futuro da computação e aceleram a transformação digital na economia global.

6.2 Princípios de sustentabilidade e de código aberto
Os princípios da sustentabilidade e do código aberto estão intimamente ligados, uma vez que ambos realçam a transparência, a colaboração e a inovação orientada para a comunidade. Nesta secção, exploramos a forma como os princípios de código aberto

contribuem para a sustentabilidade e como as práticas sustentáveis se alinham com o espírito do desenvolvimento de código aberto.

1. Sustentabilidade ambiental:

- **Eficiência energética:** O software de código aberto promove a utilização de recursos informáticos eficientes em termos energéticos, permitindo às organizações reutilizar hardware antigo, otimizar software para eficiência de recursos e minimizar o consumo de energia em centros de dados e ambientes de nuvem.

- **Redução do lixo eletrónico:** Ao prolongar a vida útil do hardware através de actualizações e manutenção de software, o software de código aberto ajuda a reduzir o lixo eletrónico (e-waste), atrasando a eliminação de dispositivos obsoletos e incentivando a reutilização e a reciclagem.

- **Computação verde:** As comunidades de código aberto dão prioridade à sustentabilidade através do desenvolvimento de ferramentas, estruturas e melhores práticas para a computação ecológica, tais como algoritmos de programação com consciência energética, funcionalidades de gestão de energia e projectos de centros de dados ecológicos.

2. Sustentabilidade económica:

- **Redução de custos:** O software de código aberto oferece alternativas económicas às soluções proprietárias, reduzindo as taxas de licenciamento de software, a dependência do fornecedor e o custo total de propriedade para organizações de todas as indústrias e sectores.

- **Inovação e Competitividade:** Ao promover a colaboração e a partilha de conhecimentos entre as diversas partes interessadas, o desenvolvimento de código aberto acelera a inovação, impulsiona o crescimento económico e aumenta a competitividade no mercado global.

- **Criação de emprego:** Os ecossistemas de código aberto criam oportunidades de emprego, empreendedorismo e desenvolvimento de competências, uma vez que os indivíduos e as organizações contribuem e participam em projectos, comunidades e iniciativas de código aberto.

3. Sustentabilidade social:

- **Inclusão e Diversidade:** As comunidades de código aberto abraçam a diversidade, a inclusão e a acessibilidade, acolhendo contribuições de indivíduos de todas as origens, níveis de competências e perspectivas. Ao fornecer uma plataforma para colaboração e capacitação, o software de código aberto promove a coesão social, a igualdade e a inclusão na tecnologia.

- **Literacia digital:** O software de código aberto promove a literacia digital e a capacitação tecnológica, fornecendo acesso ao código fonte, documentação e recursos educativos que permitem aos indivíduos aprender, experimentar e inovar com a tecnologia.

- **Capacitação da comunidade:** Os princípios do código aberto permitem que as comunidades se apropriem da sua infraestrutura tecnológica, personalizem o software para satisfazer as necessidades locais e enfrentem os desafios sociais e económicos através da ação colectiva e da colaboração.

4. Princípios éticos e de governação:

- **Transparência e responsabilidade:** O desenvolvimento de código aberto promove a transparência e a responsabilidade ao tornar o código fonte, os processos de gestão do projeto e a tomada de decisões transparentes e acessíveis à comunidade. Esta transparência ajuda a criar confiança, a fomentar a colaboração e a garantir que os projectos de software servem os interesses dos seus utilizadores e partes interessadas.

- **Direitos e liberdades dos utilizadores:** As licenças de código aberto, como a GNU General Public License (GPL), protegem os direitos e liberdades dos utilizadores, assegurando que o software permanece livre, aberto e acessível a todos. Estas licenças evitam a dependência de fornecedores, promovem a liberdade de software e permitem que os utilizadores controlem e modifiquem o seu software conforme necessário.

- **Governação da comunidade:** As comunidades de código aberto governam-se a si próprias através de processos democráticos e orientados para o consenso que dão prioridade à contribuição da comunidade, à meritocracia e à tomada de decisões partilhada. Ao envolver as partes interessadas na governação, os projectos de código aberto promovem um sentido de propriedade, pertença e responsabilidade entre os participantes, assegurando a sustentabilidade a longo prazo e o sucesso do projeto.

Em resumo, os princípios da sustentabilidade e do código aberto reforçam-se mutuamente, com o desenvolvimento do código aberto a contribuir para a sustentabilidade ambiental, económica, social e ética. Ao abraçar a abertura, a colaboração e os valores partilhados, as comunidades de código aberto promovem a sustentabilidade na tecnologia e capacitam indivíduos e organizações para construir um futuro mais inclusivo, equitativo e sustentável para todos.

Conclusão

A evolução e o impacto do Linux abrangem vários domínios, desde o seu humilde início como um projeto de passatempo até ao seu estatuto atual como a espinha dorsal do panorama informático moderno. Neste percurso, o Linux não só revolucionou a forma como pensamos sobre os sistemas operativos, como também promoveu uma cultura de abertura, colaboração e inovação que remodelou toda a indústria tecnológica.

Na sua essência, o Linux incorpora os princípios de abertura, transparência e desenvolvimento orientado para a comunidade. Estes princípios alimentaram a sua adoção generalizada e permitiram que se tornasse a base de inúmeros projectos de software, desde servidores Web e dispositivos móveis a plataformas de computação em nuvem e dispositivos de ponta. A arquitetura modular, a escalabilidade e as funcionalidades de segurança do Linux fazem dele uma plataforma versátil para uma vasta gama de aplicações, permitindo que organizações e indivíduos aproveitem o seu poder para as suas necessidades e casos de utilização únicos.

Além disso, o Linux tem desempenhado um papel fundamental na democratização do acesso à tecnologia, permitindo que indivíduos e comunidades inovem, colaborem e criem valor de formas anteriormente inimagináveis. A sua natureza de código aberto democratizou o acesso ao software, permitindo aos utilizadores estudar, modificar e distribuir o código livremente, sem os constrangimentos de acordos de licenciamento proprietários ou de dependência de fornecedores.

Olhando para o futuro, o futuro do Linux parece brilhante e promissor, uma vez que continua a evoluir e a adaptar-se às necessidades e desafios em mudança da era digital. À medida que as tecnologias emergentes, como a inteligência artificial, a computação de ponta e a computação quântica, continuam a remodelar o cenário tecnológico, o Linux permanece na vanguarda, impulsionando a inovação, permitindo a colaboração e moldando o futuro da computação.

Em conclusão, o Linux é um testemunho do poder da colaboração aberta, do desenvolvimento orientado para a comunidade e do espírito humano de exploração e criatividade. A sua jornada de um pequeno projeto de paixão para um fenómeno global é um testemunho do impacto duradouro do software de código aberto e do potencial transformador do esforço coletivo. À medida que navegamos nas complexidades da era digital, o Linux serve como uma luz orientadora, lembrando-nos que o futuro é construído sobre os princípios de abertura, inclusão e progresso partilhado.

Exemplos da vida real

1. Sistema operativo Android:

- O Android, desenvolvido pela Google, é o sistema operativo móvel mais popular do mundo, alimentando milhares de milhões de smartphones, tablets e outros dispositivos móveis em todo o mundo. Construído sobre o kernel do Linux, o Android oferece uma plataforma personalizável e de código aberto para os programadores criarem diversas aplicações e serviços para utilizadores de todo o mundo. Desde a comunicação e o entretenimento à produtividade e aos jogos, o Android revolucionou a forma como as pessoas interagem com a tecnologia, moldando o panorama móvel moderno.

2. Servidores e centros de dados:

- O Linux domina o mercado dos servidores, com uma maioria significativa de servidores Web, infra-estruturas de nuvem e implementações de centros de dados executados em sistemas operativos baseados em Linux. Os principais fornecedores de alojamento Web, como a Amazon Web Services (AWS), a Google Cloud Platform (GCP) e a Microsoft Azure, dependem do Linux para fornecer serviços de nuvem escaláveis e fiáveis a milhões de clientes em todo o mundo. A estabilidade, a segurança e o desempenho do Linux fazem dele a escolha preferida para cargas de trabalho de missão crítica e sites de alto tráfego, alimentando a espinha dorsal da infraestrutura da Internet.

3. Sistemas incorporados e dispositivos IoT:

- O Linux é amplamente utilizado em sistemas incorporados e dispositivos da Internet das Coisas (IoT), onde fornece uma plataforma versátil e personalizável para a construção de dispositivos inteligentes e conectados. Os exemplos incluem electrodomésticos inteligentes, sistemas de automação industrial, sistemas de infoentretenimento para automóveis e dispositivos portáteis. As distribuições baseadas em Linux, como o Ubuntu Core e o Raspberry Pi OS, oferecem soluções personalizadas para a execução de cargas de trabalho de computação periférica em dispositivos com recursos limitados, permitindo o processamento de dados em tempo real, a análise e o controlo na periferia da rede.

4. Supercomputação e investigação científica:

- O Linux está na base de muitos dos mais poderosos supercomputadores e clusters de computação de alto desempenho (HPC) do mundo, apoiando a investigação científica, as instituições académicas e as agências governamentais na sua busca pela descoberta e inovação. Os sistemas operativos baseados em Linux fornecem a base para a simulação de fenómenos complexos, a realização de simulações em grande escala e a análise de conjuntos de dados maciços em áreas como a astrofísica, a modelação climática, a genómica e a física de partículas. Os exemplos incluem os supercomputadores baseados em Linux no Oak Ridge National Laboratory, no Lawrence Livermore National Laboratory e na Organização Europeia para a Investigação Nuclear (CERN).

5. Sector automóvel e transportes:

- O Linux está a ser cada vez mais adotado na indústria automóvel, alimentando o software e os sistemas de infoentretenimento em veículos modernos. Os principais fabricantes de automóveis, como a Tesla, a Toyota e a Volvo, confiam em sistemas operativos baseados em Linux para fornecer funcionalidades avançadas, conetividade e actualizações de software over-the-air aos seus veículos. O Linux permite que os fabricantes de automóveis inovem rapidamente, melhorem as experiências dos condutores e diferenciem os seus produtos no competitivo mercado automóvel. Além disso, o Linux é utilizado em veículos autónomos e em projectos de carros autónomos, onde fornece a plataforma para desenvolver e implementar sistemas de condução baseados em IA e algoritmos de fusão de sensores.

Estes exemplos da vida real demonstram as diversas aplicações e a influência generalizada do Linux em vários sectores e casos de utilização. De dispositivos móveis e infraestrutura de nuvem a sistemas incorporados e pesquisa científica, o

Linux continua a impulsionar a inovação, permitir a colaboração e moldar o futuro da tecnologia na era digital.

Âmbito do livro:

O âmbito deste livro engloba uma exploração abrangente do Linux, desde as suas origens e desenvolvimento até à sua influência em vários domínios tecnológicos e as suas implicações para o futuro. Aqui está uma descrição detalhada do escopo:

1. Introdução ao Linux:

- Visão geral da história, desenvolvimento e filosofia do Linux.

- Explicação de conceitos-chave como código aberto, kernel, distribuições e licenciamento.

2. Evolução do Linux:

- Exame do contexto histórico e dos marcos na evolução do Linux.

- Exploração do crescimento da fonte aberta e dos factores que contribuem para o sucesso do Linux.

3. Aspectos técnicos do Linux:

- Análise pormenorizada do desenvolvimento do kernel Linux, da arquitetura e dos princípios de conceção modular.

- Discussão dos componentes principais, sistemas de ficheiros, gestão de processos e gestão de memória.

4. Adoção e impacto do Linux:

- Análise dos desafios da adoção, histórias de sucesso e estudos de casos em todos os sectores.

- Exploração da influência do Linux na infraestrutura da Internet, nos sistemas móveis e integrados, nas tecnologias emergentes e nas aplicações da vida real.

5. Aspectos sociais, económicos e ambientais:

- Investigação das implicações sociais, económicas e ambientais do Linux e dos princípios de fonte aberta.

- Análise da sustentabilidade, da capacitação da comunidade e da inclusão digital no contexto do desenvolvimento e adoção do Linux.

6. Tendências e oportunidades futuras:

- Exploração de tendências emergentes, como a inteligência artificial, a computação de ponta, a cadeia de blocos e a computação quântica, e a sua intersecção com o Linux.

- Discussão de potenciais desenvolvimentos futuros, desafios e oportunidades no ecossistema Linux.

7. Conclusão e reflexões:

- Resumo das principais percepções, lições aprendidas e implicações para o futuro do Linux e do código aberto.

- Reflexão sobre o impacto duradouro e a importância do Linux na formação da tecnologia, da sociedade e da economia global.

No geral, o livro tem como objetivo fornecer uma compreensão abrangente e holística do Linux, cobrindo os seus fundamentos técnicos, aplicações práticas, implicações socioeconómicas e perspectivas futuras. Ele procura atrair um público amplo, incluindo entusiastas da tecnologia, estudantes, profissionais, formuladores de políticas e qualquer pessoa interessada em explorar o mundo do Linux e seu potencial transformador na era digital.

A utilização de sistemas operativos como o Linux na vida quotidiana é muito vasta e variada. Aqui estão alguns cenários comuns em que o Linux desempenha um papel importante:

1. Computadores de secretária e portáteis:

- Muitos utilizadores escolhem distribuições Linux, como o Ubuntu, Fedora ou Linux Mint, como o seu sistema operativo principal para computadores pessoais. O Linux proporciona um ambiente estável, seguro e personalizável para tarefas informáticas diárias, como navegação na Web, correio eletrónico, edição de documentos, reprodução de multimédia e jogos. Com uma vasta gama de aplicações de software disponíveis através de gestores de pacotes e repositórios online, o Linux oferece flexibilidade e escolha aos utilizadores que procuram alternativas a sistemas operativos proprietários como o Windows ou o macOS.

2. Dispositivos móveis e smartphones:

- O Linux serve de base a sistemas operativos móveis populares, como o Android. Os dispositivos Android, incluindo smartphones e tablets, são executados numa versão modificada do kernel do Linux, oferecendo aos utilizadores um rico ecossistema de aplicações, serviços e opções de personalização. A natureza de código aberto do Android permite que os fabricantes e programadores de dispositivos inovem e personalizem a experiência do utilizador, proporcionando aos utilizadores uma gama diversificada de dispositivos e funcionalidades que se adequam às suas preferências e necessidades.

3. Navegação na Web e serviços Internet:

- O Linux alimenta uma parte significativa da infraestrutura da Internet, incluindo servidores Web, plataformas de nuvem e equipamentos de rede. Quando os utilizadores acedem a sites, aplicações Web ou serviços online, interagem frequentemente com servidores que executam sistemas operativos baseados em Linux, como o Apache HTTP Server ou o NGINX. A fiabilidade, a escalabilidade e a segurança do Linux fazem dele a escolha preferida para alojar sítios Web, gerir bases de dados e fornecer conteúdos através da Internet, garantindo uma experiência online segura e sem falhas para os utilizadores de todo o mundo.

4. Sistemas incorporados e dispositivos IoT:

- O Linux é amplamente utilizado em sistemas incorporados e dispositivos da Internet das Coisas (IoT), onde fornece uma plataforma leve, escalável e personalizável para executar dispositivos inteligentes e conectados. Os exemplos incluem electrodomésticos inteligentes, sistemas de automação industrial, sistemas de infoentretenimento para automóveis e dispositivos portáteis. As distribuições baseadas em Linux, como o Ubuntu Core e o Raspberry Pi OS, oferecem soluções personalizadas para a criação de aplicações IoT, permitindo aos utilizadores monitorizar, controlar e automatizar dispositivos no seu quotidiano.

5. Ensino e aprendizagem:

- O Linux é popular em ambientes educacionais, onde serve como uma ferramenta valiosa para ensinar ciência da computação, programação e habilidades tecnológicas. Muitas escolas, faculdades e universidades utilizam sistemas operativos baseados em Linux em laboratórios de informática, salas de aula e ambientes de aprendizagem online para apresentar aos alunos software de código aberto, linguagens de programação e conceitos de administração de sistemas. O Linux proporciona aos alunos experiência prática, competências práticas e exposição a tecnologias do mundo real, preparando-os para carreiras em tecnologia e promovendo uma cultura de inovação e colaboração na educação.

Estes exemplos ilustram as diversas formas como o Linux é utilizado na vida quotidiana, desde a computação pessoal e os dispositivos móveis até aos serviços de Internet, sistemas integrados e educação. Sendo uma plataforma de código aberto, o Linux oferece flexibilidade, fiabilidade e acessibilidade, permitindo aos utilizadores abraçar a tecnologia e tirar o máximo partido das suas experiências digitais numa vasta gama de contextos e aplicações.

Âmbito futuro:

- os veículos definidos por software do futuro, fornecendo funcionalidades avançadas, serviços e actualizações over-the-air para melhorar a segurança, a conveniência e as experiências do utilizador. O Linux também permitirá o desenvolvimento de sistemas de condução autónoma, comunicação veículo-para-tudo (V2X) e soluções de mobilidade como serviço (MaaS) que revolucionam os transportes e a mobilidade urbana.

5. Sustentabilidade e computação ecológica:

- A ênfase do Linux na eficiência, otimização de recursos e sustentabilidade ambiental tornar-se-á cada vez mais importante no contexto da computação ecológica e das práticas tecnológicas sustentáveis. As soluções baseadas em Linux ajudarão as organizações a reduzir o consumo de energia, a minimizar os resíduos electrónicos e a atenuar o impacto ambiental da infraestrutura informática, contribuindo para uma abordagem mais sustentável e ecológica do desenvolvimento e implementação de tecnologia.

6. Colaboração de fonte aberta e envolvimento da comunidade:

- O modelo de desenvolvimento colaborativo e orientado para a comunidade do Linux continuará a fomentar a inovação, a partilha de conhecimentos e a resolução colectiva de problemas através de uma rede global de contribuidores, utilizadores e intervenientes. À medida que os princípios de código aberto ganham tração em indústrias para além da tecnologia, o Linux servirá de modelo para a inovação colaborativa, transparência e inclusão, inspirando novas gerações de programadores, empreendedores e criadores de mudanças a participar no movimento de código aberto.

Em resumo, o escopo futuro do Linux é caracterizado por sua versatilidade, adaptabilidade e resiliência diante da evolução das tendências tecnológicas e dos desafios sociais. Como uma plataforma fundamental para inovação e colaboração, o Linux continuará a moldar o futuro da computação, impulsionar a transformação digital e capacitar indivíduos e organizações para criar mudanças positivas no mundo.

Informações adicionais

Segurança e privacidade:

- A forte ênfase do Linux na segurança e na privacidade tornar-se-á ainda mais crucial à medida que as ameaças à cibersegurança continuam a evoluir e a proliferar. Os sistemas baseados em Linux desempenharão um papel fundamental na defesa contra ataques cibernéticos, na proteção de dados sensíveis e na salvaguarda de activos digitais num mundo cada vez mais interligado e digitalizado. À medida que as preocupações com a privacidade aumentam, o Linux permitirá aos utilizadores manter o controlo sobre as suas informações pessoais e garantir a integridade e a confidencialidade das suas comunicações e transacções digitais.

Compatibilidade entre plataformas:

- A compatibilidade do Linux com uma vasta gama de arquitecturas de hardware e dispositivos facilitará a sua adoção em diversos ambientes, incluindo sistemas incorporados, dispositivos IoT, dispositivos móveis, computadores de secretária, servidores e supercomputadores. O Linux continuará a evoluir para suportar tecnologias e padrões emergentes, garantindo interoperabilidade e compatibilidade contínuas entre plataformas e ecossistemas.

Ambientes híbridos e multi-nuvem:

- A flexibilidade e a portabilidade do Linux permitirão que as organizações criem e gerenciem ambientes híbridos e de várias nuvens que abrangem vários provedores de nuvem e infraestrutura local. As ferramentas e tecnologias baseadas em Linux facilitarão a migração, orquestração e gestão de cargas de trabalho em ambientes de nuvem, permitindo às organizações otimizar o desempenho, o custo e a fiabilidade, mantendo a flexibilidade e o controlo sobre a sua infraestrutura de TI.

Envolvimento da comunidade e educação:

- A vibrante comunidade de programadores, entusiastas, educadores e defensores do Linux desempenhará um papel vital na condução do seu futuro crescimento e adoção. Iniciativas, eventos e programas educativos orientados para a comunidade promoverão a consciencialização, a partilha de conhecimentos e o desenvolvimento de competências em torno do Linux e das tecnologias de código aberto, capacitando os indivíduos e as organizações para tirarem partido do Linux de forma eficaz e contribuírem para a sua evolução e sucesso contínuos.

Impacto ético e social:

* O compromisso do Linux com a abertura, a transparência e os princípios éticos continuará a influenciar a sua adoção e desenvolvimento de forma a dar prioridade aos direitos humanos, à responsabilidade social e à sustentabilidade ambiental. As soluções baseadas em Linux capacitarão os indivíduos e as comunidades a enfrentar os desafios sociais e ambientais prementes, fomentarão a inclusão digital e promoverão a equidade e a justiça no acesso e na participação tecnológica.

Considerações sobre regulamentação e políticas:

* A adoção e o impacto generalizados do Linux podem levar a um maior escrutínio regulatório e intervenções políticas destinadas a garantir a concorrência justa, a proteção de dados e os direitos do consumidor na economia digital. As organizações e comunidades baseadas em Linux terão de navegar por estruturas regulamentares, requisitos de conformidade e normas éticas, mantendo os valores de abertura, transparência e responsabilidade que sustentam o ecossistema Linux.

Em conclusão, o escopo futuro do Linux é caracterizado por sua relevância, resiliência e adaptabilidade contínuas em um cenário tecnológico em rápida evolução. À medida que o Linux continua a evoluir e a inovar, permanecerá na vanguarda da transformação digital, permitindo que indivíduos e organizações aproveitem o poder da tecnologia de código aberto para um impacto social, económico e ambiental positivo.

Referências

1. Torvalds, L., & Diamond, D. (2001). Just for fun: A história de um revolucionário acidental. HarperBusiness.

2. DiBona, C., Ockman, S., & Stone, M. (Eds.). (1999). Open sources: Voices from the open source revolution. O'Reilly Media.

3. Raymond, E. S. (2001). A catedral e o bazar: Reflexões sobre Linux e código aberto por um revolucionário acidental. O'Reilly Media.

4. Himanen, P. (2001). The hacker ethic and the spirit of the information age (A ética do hacker e o espírito da era da informação). Vintage.

5. Moody, G. (2001). Código rebelde: Linux and the open source revolution. Basic Books.

6. Oram, A., & Talbott, G. (Eds.). (2008). Producing open source software: How to run a successful free software project. O'Reilly Media.

7. Fogel, K. (2005). Producing open source software: How to run a successful free software project. O'Reilly Media.

8. Coleman, G. (2013). Liberdade de codificação: The ethics and aesthetics of hacking. Princeton University Press.

9. Hannemyr, G. (2002). O desenvolvimento de software de fonte aberta como um caso especial de inteligência colectiva. First Monday, 7(11).

10. Lerner, J., & Tirole, J. (2002). Some simple economics of open source. The Journal of Industrial Economics, 50(2), 197-234.

11. Von Krogh, G., Spaeth, S., & Lakhani, K. R. (2003). Community, joining, and specialization in open source software innovation: Um estudo de caso. Research Policy, 32(7), 1217-1241.

12. Benkler, Y. (2002). Coase's Penguin, or, Linux and the nature of the firm. The Yale Law Journal, 112(3), 369-446.

13. Weber, S. (2004). The success of open source. Harvard University Press.

14. Feller, J., & Fitzgerald, B. (2002). Understanding open source software development. Addison-Wesley.

15. Lakhani, K. R., & Wolf, R. G. (2003). Porque é que os hackers fazem o que fazem: Understanding motivation and effort in free/open source software projects. Em Perspectives on free and open source software (pp. 3-22). MIT Press.

16. Ghosh, R. A. (2005). Understanding free/open source software development processes. Em Perspectives on free and open source software (pp. 99-127). MIT Press.

17. O'Mahony, S., & Ferraro, F. (2007). The emergence of governance in an open source community (A emergência da governação numa comunidade de fonte aberta). Academy of Management Journal, 50(5), 1079-1106.

18. Deek, F. P., & McHugh, J. A. (Eds.). (2008). Open source: Technology and policy. Cambridge University Press.

19. Bonaccorsi, A., & Rossi, C. (2003). Why open source software can succeed. Research Policy, 32(7), 1243-1258.

20. Bonaccorsi, A., & Rossi, C. (2006). Comparação das motivações de programadores individuais e empresas para participar no movimento de código aberto: From community to business. Knowledge, Technology & Policy, 18(4), 40-64.

I want morebooks!

Buy your books fast and straightforward online - at one of world's fastest growing online book stores! Environmentally sound due to Print-on-Demand technologies.

Buy your books online at
www.morebooks.shop

Compre os seus livros mais rápido e diretamente na internet, em uma das livrarias on-line com o maior crescimento no mundo! Produção que protege o meio ambiente através das tecnologias de impressão sob demanda.

Compre os seus livros on-line em
www.morebooks.shop

Printed by Books on Demand GmbH, Norderstedt / Germany